Segredos de mineração de moedas criptográficas

Conteúdo

O que são moedas criptográficas?...........5

Tudo sobre a mineração de moeda criptográfica...........6

Como funciona uma cooperativa de mineração de moedas criptográficas ou piscina?...........8

Os requisitos fundamentais para as moedas criptográficas mineiras...........9

O hardware necessário para minerar as moedas criptográficas...........10

O software a considerar quando se minam moedas criptográficas...........11

Como medir a rentabilidade das moedas criptográficas mineiras...........12

O que significam as comissões de rede ou as taxas de exploração mineira?...........14

Determina a moeda criptográfica mais rentável para a mineração...........16

Saiba o que é uma Sonda Mineira...........18

Escolha de uma carteira para rentabilizar as moedas criptográficas...........22

A extracção de moeda criptográfica é legal?...........23

O que é a mineração em nuvem...........25

Melhores Serviços e Alternativas de Mineração em Nuvem...........26

Mineração de moedas criptográficas com cartões de videoGPU...........32

Mineração de moedas criptográficas com máquinas ASIC...........32

O que é o algoritmo de Prova de Trabalho...........33

O que é o algoritmo Delegated Proof of Stake?...........34

A possibilidade de extracção centralizada de moeda criptográfica...........35

Dicas e truques para extrair o Ethereum...........36

Atingir Melhores Resultados de Mineração com uma GPU NVIDIA...........47

Descobrir como extrair Ethereum usando Ubuntu Linux...........49

Métodos para extrair Zcash...........55

Aprenda a minerar Litecoin...........58

O caminho para a mina de bitcoins que precisa de conhecer 61

Melhores Piscinas de Mineração em Cryptocurrency 64

Dash Mining Cheats 67

Utilização de Raspberry Pi para a mineração de Cryptocurrency 70

Como minerar o steem 74

Descobrir como extrair Ravencoin 78

Tudo sobre mineração Siacoin 80

Os últimos marcos ultrapassados pela extracção de moeda criptográfica
.... 82

Guia de mineração de moeda criptográfica

Um dos temas mais modernos para gerar rendimento é a acção das moedas criptográficas mineiras, esta é uma possibilidade económica que faz sentido todos os dias, de mãos dadas com a tecnologia, por esta razão é um cenário que qualquer pessoa pode considerar para se aventurar numa das mais rentáveis oportunidades.

No entanto, para aproveitar esta oportunidade que as moedas criptográficas proporcionam, deve saber desde o básico, até aos truques mais avançados que são implementados diariamente online, isto ajuda a fazer valer todo o esforço, porque tendo conhecimento sobre esta área, ocorrem melhores resultados.

O que são moedas criptográficas?

A primeira coisa que deve saber antes de minerar as moedas criptográficas, é o que elas significam, estas correspondem ou são moedas virtuais, isto significa que ao contrário do dinheiro tradicional, estas são intangíveis, uma vez que estão disponíveis apenas digitalmente, isto deve-se ao facto de serem feitas transferências encriptadas.

Quanto à questão da regulação, são moedas autónomas ou independentes, porque nenhuma entidade bancária tem controlo sobre as transacções, e apenas o movimento das bolsas em si, são as que modificam o valor ou o preço, o que reduz a manipulação externa.

O aspecto da confiança, depende em maior grau da carteira que é utilizada, dependendo do seu nível de segurança, os hacks podem ser evitados, por esta razão todos os dias surgem mais moedas criptográficas, e no meio deste mercado apinhado, é que aumentam as formas de rentabilizar, tais como a acção da mineração.

Tudo sobre a mineração de moeda criptográfica

Esta forma de rendimento das moedas criptográficas mineiras, é uma acção tal como reiterada acima, pois permite a criação de moedas, em troca de ganhar uma percentagem do mesmo, funciona como um sistema de recompensa, cada mineiro pode receber este tipo de resultado, e não é necessário comprar ou realizar qualquer operação.

Cada exploração mineira é semelhante entre si, mas alguns processos mudam em menor grau, isto é desenvolvido através da resolução de alguns cálculos matemáticos, todos baseados num poder computacional, isto significa que se trata de utilizar o seu computador pessoal, para ser utilizado por redes P2P, ajudando a realizar cálculos matemáticos.

Esta série de cálculos, ajuda a processar cada uma das transacções, para formar a figura de um bloco, e estes blocos devem então ser selados, por meio de cálculos matemáticos isto é concluído com facilidade, para além da assistência de computadores, esse mecanismo é repetido e funciona 24 horas por dia, com ligação constante e consumo activo.

Dada a grande procura de actividade, não se pode apenas explorar um computador portátil, mas requer um computador com mais potência, pelo que o desempenho será positivo, pelo que este é um primeiro requisito e investimento para fazer parte deste processo, ter pelo menos um computador com um valor superior a 1000 euros.

O mais aconselhável é adquirir equipamento especial, conhecido como Circuito Específico de Aplicação, estes foram concebidos para realizar a exploração mineira, permitindo obter potência e desempenho para que cada fase seja concluída com sucesso.

Como funciona uma cooperativa de mineração de moedas criptográficas ou piscina?

O desenvolvimento da extracção de moeda criptográfica é realizado de diferentes formas, uma delas é a cooperativa ou piscina, onde as pessoas se reúnem para a criação da moeda criptográfica, esta distribuição de funções, ajuda cada pessoa a desempenhar um determinado trabalho, e exerce um esforço conjunto.

Estas concentrações de intervenientes, são motivadas para alcançar recompensas de forma mais eficaz e conjunta, porque este método assegura um nível de poder mais elevado, ganhando a capacidade de resolver um bloco, o que faz com que os resultados excedam as suas expectativas.

É importante notar que não é necessário formar este tipo de cooperativas, ou seja, a exploração mineira pode ser gerida através de outras formas ou métodos, embora isto implique assumir todas as despesas, o que pode afectar a rentabilidade desta actividade.

Os requisitos fundamentais para as moedas criptográficas mineiras

Tendo em mente fazer parte da mineração de moeda criptográfica, além de ter dedicação e uma decisão firme de compromisso, é também necessário ter em conta certos factores adicionais, que fazem parte da preparação prévia dos aspectos positivos a materializar, uma vez que acima do computador, prevalecem estes requisitos ou detalhes:

- O tipo de equipamento disponível para realizar a exploração mineira, e o preço que esta representa.
- O nível de concorrência que existe nesse sector mineiro.
- Custos de funcionamento, isto corresponde ao consumo relacionado com a electricidade e a ligação, uma vez que é necessário um funcionamento 24 horas por dia.
- Medidas de arrefecimento para cuidar do estado do equipamento, sendo necessárias devido à procura de funções que se desenvolvem todos os dias.
- Estudo da rentabilidade que esta moeda criptográfica proporciona actualmente.
- O tipo de moeda criptográfica escolhida pode mudar de um momento para outro, assim como variar.

O hardware necessário para minerar as moedas criptográficas

O equipamento necessário para realizar a mineração de moedas criptográficas, representa um tópico interessante a considerar, o que inclui a compra de hardware genérico, bem como processadores e placas gráficas devem também ser tidos em conta, à medida que o tempo passa, surge equipamento mais especializado em mineração.

Para decidir entre um ou outro elemento, é necessário estudar o algoritmo de mineração com o qual a moeda criptográfica é programada, já que é este que impõe todas as regras através das quais a encriptação é executada, a fim de desencriptar a informação, esta é desenvolvida com cada operação ou transacção de moeda criptográfica.

Ao considerar este tipo de escolha, só deve comparar o hardware de mineração, com o tipo de algoritmo que cada um tem, por exemplo, quando a mineração é dedicada à bitcoin, deve comprar equipamento ASIC, dessa forma pode extrair o algoritmo SHA-256, por outro lado, com éter, precisa de uma placa gráfica GPU, e de uma fonte de alimentação resistiva.

Isto é aplicado com cada moeda, até ser tomada a decisão certa, por isso, ao escolher uma moeda, é essencial estudar o tipo de algoritmo que tem no meio, para que os dispositivos tenham maior funcionalidade.

O software a considerar quando se minam moedas criptográficas

Há uma variedade de software que são essenciais para as moedas criptográficas de mineração, especialmente se forem do tamanho de bitcoin, o básico é pensar num software de mineração, sendo o programa responsável que facilita a interacção do hardware com a rede associada à moeda criptográfica, causas estas que podem ser extraídas.

O tipo de software varia consoante o hardware utilizado, sem esquecer a consideração do tipo de moeda criptográfica que se procura extrair, os mais recomendados e bem sucedidos são o CGMiner, e o Claymore, o primeiro é uma solução abrangente para dinheiro em bitcoin e bitcoin, o segundo é dedicado a moedas como éter, zcash, siacoin, entre outras.

É importante ter em conta que será necessário ter um programa de monitorização, isto facilita a medição do comportamento do hardware, sem esquecer a configuração sobre preferências pessoais para a mineração, por outro lado, são os dispositivos ASIC, conhecidos como Bitmain AntMiner, que têm o seu próprio software.

Por outro lado, aqueles que estão a minerar com GPU, será necessário ter um download de programas como o MSI Afterburner ou GPU-Z para cumprir os objectivos estabelecidos, por outro lado, a plataforma mineira pode ser monitorizada, graças ao website da piscina que faz parte da exploração mineira ou pode também utilizar o TeamViewer.

Como medir a rentabilidade das moedas criptográficas mineiras

É complicado estudar a rentabilidade da mineração de moeda criptográfica, uma vez que depende do momento actual do mercado, bem como das receitas que se obtêm com a moeda criptográfica, a isto se acrescentam as despesas mencionadas, quer se trate de energia, quer do tipo de equipamento mineiro escolhido, e depende em grande parte da moeda.

O investimento é o que mede a rentabilidade que proporciona, para o conhecer pode utilizar diferentes calculadoras, mas para as utilizar deve ter em conta determinados dados, são estes que ajudam a revelar se vale ou não a pena realizar esta actividade, pelo que necessita de os conhecer para seguir os seus passos ou acções.

Antes de começar, é essencial pensar no tipo de moeda criptográfica que quer extrair, porque a rentabilidade muda a cada momento para cada um, para ter mais clareza, é necessário calcular estes aspectos com base nos seguintes dados:

1. **Taxa de haxixe:** Corresponde a ser um dos dados mais importantes, por ser a unidade que mede o nível de processamento da moeda criptográfica, isto ajuda a poder determinar a quantidade de operações que o equipamento emite e as que podem realizar, é um factor a investigar e a adaptar-se ao seu computador.
2. **Nível eléctrico:** É o consumo eléctrico desenvolvido pelo equipamento utilizado na exploração mineira.
3. **Custo da electricidade: Com** base na tarifa do seu país, e com os dados acima referidos, pode medir o impacto do consumo, assim a despesa que representa é mais clara.

4. **Despesas com hardware:** Refere-se ao nível de utilização, e manutenção do hardware, que é medido em relação ao seu custo inicial.
5. **Medição da cooperativa:** Quando faz parte de uma cooperativa, dentro das despesas ou receitas, a nível pessoal, deve tomar a medida da percentagem gerada ou a que corresponde a cada participante.
6. **Comissão do software:** Este é o custo do software, que é distribuído a cada membro da cooperativa.

Todos estes factores, ajudam a ter uma visão clara da rentabilidade, sem esquecer o valor da moeda criptográfica, mas para colher esse tipo de resultado económico, não se pode omitir a dificuldade de encontrar recompensas na exploração mineira, o que ajuda a tomar a decisão certa tendo em vista o futuro.

O que significam as comissões de rede ou as taxas de exploração mineira?

Cada transacção no mundo das moedas criptográficas, está sujeita a determinadas taxas, normalmente impostas por troca, pela utilização da carteira, e finalmente pela exploração mineira, sendo um padrão da própria rede para cobrir os custos de cada processo mineiro, ou seja, tudo o que está a correr numa cadeia de bloqueio.

Estes tipos de taxas devem ser tidos em conta ao estimar a rentabilidade destas operações, tais condições acabam por afectar a taxa de lucro total gerada pela exploração mineira, para determinar os preços actualizados que se podem visitar as seguintes plataformas:

1. **Swapzone:** É uma plataforma dedicada a expor os custos das comissões de câmbio.
2. **Cryptofeesaver:** É realizado sob uma comparação de cada uma das bolsas e das suas comissões para transacções.
3. **Blockchair:** É concebido como um motor de busca dedicado à cadeia de bloqueio bitcoin, ou outras moedas criptográficas, onde se pode filtrar custos de transacção, blocos, taxas, e uma variedade de opções.
4. **Crypo Fees:** Proporciona taxas de transacção, graças à sua análise, tendo em conta aspectos como a cadeia de bloqueio, Litecoin, e outros.

Determina a moeda criptográfica mais rentável para a mineração

Face a um amplo mercado de moedas criptográficas, é complexo tomar certas decisões iniciais sobre mineração, uma vez que estes cuidados facilitam a escolha conduz a um nível mais elevado de bónus, bem como detectar o cenário mais complicado para a mineração naquele momento, para facilitar essa visão, pode utilizar os seguintes websites:

- **CoinWarz**

Esta é uma opção online muito simples, permite visualizar de perto o mercado de moedas criptográficas, e a única coisa que precisa de fazer é ajustar o algoritmo, de modo a que os resultados sejam precisos, tal como a rentabilidade é calculada, de modo a que as melhores moedas apareçam, e antes de mais as mais rentáveis neste momento.

Por outro lado, a monitorização deste website, é responsável por fornecer o nível de rendimento, lucros e outros valores, para além de clicar em qualquer moeda, exibe informação extensiva para cada um, observando até um gráfico sobre o preço, que pode ser medido com uma calculadora que fornece o sistema.

- **CryptoCompare**

Esta é uma das calculadoras mais eficazes, uma vez que ajuda a acompanhar a rentabilidade em moedas criptográficas, ajudando mesmo a comparar todos os tipos de moedas disponíveis no mercado, por outro lado pode ver as diferentes moedas juntamente com o seu preço, mesmo as notícias e informações sobre as mesmas.

O mais valioso desta ferramenta, é que os dados podem ser facilmente visualizados, sendo reconhecidos pela personalização clara que é desenvolvida, além disso existem opções que lhe permitem adicionar dados, tais como a energia consumida, o custo ou percentagem, e muito mais, até gerar um resultado sobre esta acção.

- **Whattomine**

Esta é outra ferramenta completa que facilita a obtenção de informação sobre moeda criptográfica, porque a acessibilidade permite não perder de vista qualquer detalhe, além de que cada moeda pode ser filtrada sob preferência pessoal, sem deixar de lado a alternativa de calculadora que tem.

As secções de cada opção, facilitam a medição de cada dado necessário, para além dos valores para que seja apenas necessário incluir informação como taxa de hash, custo, energia ou outros, é uma combinação de todos os requisitos no mesmo mecanismo digital.

- **CoinCalculadores**

Tem as mesmas funções das opções anteriores, embora a diferença esteja na sua interface, pelo que cada utilizador não terá problemas com a sua gestão, fazendo com que a informação das moedas seja acessível, ajuda também a encontrar o melhor hardware para esta actividade, medindo os resultados de cada uma.

Do mesmo modo, possui calculadora, que permite gerar automaticamente um resultado de todos os dados ou despesas, causando consultas para ajudar na tomada de decisões sobre a extracção de moeda criptográfica.

Saiba o que é uma Sonda Mineira

No mundo da mineração, as plataformas mineiras são frequentemente mencionadas, são plataformas concebidas e centradas no processo de mineração, o que tem como principal objectivo, manter o funcionamento da cadeia de bloqueio de diferentes moedas criptográficas, sem correr o risco de qualquer ataque.

Por esta razão, a mineração de moeda criptográfica requer um alto poder de computação, bem como electricidade, que é o que lhe permite obter recompensas, neste momento as plataformas mineiras são responsáveis por fazer o trabalho mais rapidamente, em comparação com outros computadores, e isto traduz-se em ganhar mais dinheiro.

Com base no tipo de equipamento mineiro utilizado, podem ser utilizados diferentes tipos de plataformas mineiras:

1. CPU

As plataformas de extracção de CPU são equipamentos simples e baratos, quando utilizados, os utilizadores que querem extrair moedas criptográficas podem fazê-lo directamente do computador, é essencial notar que a extracção de CPU é cara, e com mais lançamentos tecnológicos torna-se obsoleta.

A vantagem deste tipo de mineração é que não impõe elevados custos de electricidade, mas, no lado oposto, é conhecido como um dos processos de mineração mais lentos, uma vez que retêm uma baixa taxa de haxixe, fazendo com que não seja rentável, não é aconselhável extrair com CPU, mas alguns altcoins são mais fáceis de trabalhar por este meio.

2. GPU

A realização da plataforma de mineração com GPU, é conhecida como a melhor, especialmente para montar uma plataforma de mineração personalizada, é um dos métodos mais favoritos que existem, este tipo de equipamento precisa de placas gráficas com grande potência, para conseguir ter uma potência de hashing, irá encontrar GPUs dedicados ou simples.

Ao procurar bons resultados, é vital utilizar uma quantidade estimada de GPU disponível, mas apesar de ter um equipamento simples, é possível apresentar resultados notáveis, mas a desvantagem a considerar, é que estas equipas são caras, requerem também uma acção de manutenção e refrigeração, mais as despesas eléctricas.

3. ASIC

Circuitos Integrados Específicos de Aplicação, é o conceito por detrás da sigla AIC, e são dispositivos concebidos para a mineração de todo o tipo de moedas criptográficas, estas são as que são mais frequentemente utilizadas para obter uma margem de lucro significativa, embora o seu desempenho não seja verde ou barato.

- **Como funciona uma plataforma mineira**

Uma plataforma mineira, é responsável pela utilização de um software mineiro, sendo útil para ligar o hardware mineiro a um determinado pool mineiro, esse processo ajuda a completar as transacções na rede, a plataforma mineira procura tratar da taxa de hash que faz parte da plataforma no pool mineiro.

Os requisitos para que este processo se inicie são os seguintes:

1. Placa mãe: É vital ter uma placa mãe que seja poderosa para que continue a cumprir as suas funções durante muito tempo, sendo uma forma de aumentar os custos e, ao mesmo tempo, os benefícios.
2. Alimentação eléctrica: A plataforma mineira dentro das suas funções, exige uma necessidade significativa de energia, pelo que o fornecimento de energia deve ser ou reter uma potência de 750 watts e 2000 watts, dependendo das necessidades da mineração.

3. Placas gráficas: É essencial ter 4 e até 6 GPUs que sejam de alta qualidade, além de cada uma ter velocidades de 450 kWh ou superiores.
4. RAM: É necessário um mínimo de 4 GB de RAM, embora, dependendo do software utilizado, possa ser necessária mais memória.
5. Disco rígido: É vital ter uma capacidade de 60 GB e 120 GB.
6. Ventilador: É essencial fornecer refrigeração ao equipamento.

Por esta razão, uma plataforma mineira, é considerada como um investimento ideal para obter rendimentos adicionais para a extracção de moedas criptográficas, faz parte dessa conversão em fenda mineira, estas ideias quando postas em acção geram bons dividendos, contando com uma plataforma mineira apta.

Escolha de uma carteira para rentabilizar as moedas criptográficas

Um elemento indispensável para as moedas criptográficas da mineração, é a escolha da carteira, porque é onde vai receber pagamentos pela mineração, estes podem ser de carácter físico como hardware como Trezor, OpenDime,

KeepKey, e outros, ou podem ser utilizados sob a forma de software ou aplicação, como Coinomi, Wasabi, Jaxx, entre outros.

Outros dispositivos electrónicos fornecem a alternativa das carteiras frias, sendo dispositivos que têm um nível positivo de confiança, permitindo o download de software para uma utilização muito mais pessoal no dispositivo móvel, quer através da App Store ou do Google Play, encontrando versões para cada dispositivo.

Embora esta última opção não seja a mais aconselhável pelos especialistas, uma vez que este método está exposto a piratas, embora existam carteiras que são oferecidas por diferentes casas de câmbio, o importante é pensar numa alternativa que tenha chaves para proteger os fundos.

A extracção de moeda criptográfica é legal?

Em cada país, esta questão é geralmente respondida de forma diferente, porque as leis mudam para os ambientes envolvidos, pelo que não se pode formar um critério generalizado, o que pode ser tido em conta é que as moedas criptográficas têm uma operação descentralizada, ou seja, em paralelo com o modelo tradicional.

Mas isto não significa que seja um tipo de moeda intocável, uma vez que em vários países implementaram regulamentos para conceder limitações à mineração, para além das transacções de moedas digitais, por exemplo, na América Latina este tipo de operações não são aceites em países como a Bolívia.

Normalmente as limitações a este tipo de moeda, são impostas como protecção contra burlas ou ciberataques, que em certas áreas podem apontar como um problema grave quando se utilizam moedas criptográficas, fazendo com que se tenha de pensar duas vezes sobre a mineração.

Com o tempo, as moedas criptográficas estão associadas aos ciberataques, mas o que deve ser valorizado é o aspecto positivo de permitir transacções financeiras, que se torna um benefício, sendo o resultado que a era digital proporciona, mas num futuro próximo, procura diminuir o risco de fraude.

Embora dentro desta área, o que é difícil de medir em questões jurídicas, é a manifestação de esquemas, porque não existe uma resposta legal a um mecanismo paralelo ao sistema tradicional, ou seja, seria um nível de investigação e conhecimento profundo que em muitas áreas do mundo não existe, por isso está sob decisões autónomas.

O que é a mineração em nuvem

A exploração mineira em nuvem baseia-se num serviço em que um rendimento é produzido pela exploração mineira, dessa forma pode receber recompensas após as acções geradas, baseia-se na exploração mineira através de um terceiro, onde a plataforma actua como intermediário, uma vez que fornece uma parte do que foi minado.

Isto pode levantar algumas questões sobre a rentabilidade desta medida, mas estão envolvidos os mesmos factores ou detalhes que numa acção mineira convencional, pelo que ambas as formas têm riscos particularmente baixos, embora a percentagem de enfrentar um esquema aumente.

Embora o aspecto positivo desta prática seja que não requer um investimento profundo no equipamento mineiro, diminuindo a incidência de electricidade, sistema de refrigeração ou outros aspectos, muito menos é necessário incluir uma manutenção, o único aspecto negativo é a questão de ser enganado.

A questão da burla e da mineração em nuvem, é porque as plataformas são oferecidas, são originárias das próprias quintas da empresa, por isso é difícil medir o nível ou a capacidade mineira que possuem, e cada participação anda a par com contratos que têm cláusulas de cancelamento quando as empresas não recebem resultados positivos.

Melhores Serviços e Alternativas de Mineração em Nuvem

Antes de pensar num serviço ou meio sobre mineração de nuvens, é vital reiterar que deve escolher empresas que são acreditadas, de modo a poder pensar mais livremente em trabalhar com empresas que são certificadas, estando interessado em algum serviço, a primeira coisa a fazer é inquirir todos os aspectos do mesmo.

Através de uma pesquisa prévia pode tomar decisões apropriadas, evitando qualquer tipo de esquema neste campo, porque no mundo das moedas criptográficas isto ocorre frequentemente, por isso, dentro da lista dos mais respeitáveis e resultados, encontrará os seguintes serviços:

1. **StormGain**

O desenvolvimento da mineração na nuvem, é desenvolvido pelo StormGain, uma vez que pode exercer muitas operações de hardware, especialmente relacionadas com a mineração de Bitcoin, tem uma velocidade de mineração baseada em servidores de nuvem StormGain, isto é limitado apenas pelo número de utilizadores que fazem parte do processo.

Pelo menos 30 a 40 minutos, dependendo do tempo de produção dos blocos, o lucro mineiro é distribuído, isto é realizado igualmente a todos os utilizadores que participam ou fazem parte do processo mineiro, depois quando se atinge 10 USDT pode ser feito o levantamento e em 72 horas torna-se válido.

As principais vantagens deste serviço, concentram-se no serviço eficiente que prestam, também o tipo de equipamento utilizado é totalmente fiável, e até tem um motor que evita a fraude, mas também tem um suporte disponível para satisfazer as exigências de cada utilizador.

Por outro lado, deve ter-se em conta que se trata de um serviço em que apenas é permitida a extracção de Bitcoin, também em termos de cálculo, é complexo decifrar uma medida para realizar a retirada, estes são os aspectos com que se deve ter cuidado antes de escolher este tipo de serviço.

2. **ScryptCube Cloud Mining**

É concebida como uma empresa localizada no Reino Unido, tem uma grande reputação como os melhores serviços de mineração em nuvem, graças ao facto de ter fácil acesso e ser fácil de manusear, por esta razão tem centros de dados classificados como de última geração, para que um grande número de mineiros possa utilizar estas funções.

A alta eficiência em troca de um preço considerável, é uma medida considerada no meio deste serviço, pois são oferecidos dois planos que permitem operar, um deles tem um custo de 1,90 dólares por 100 GH/s, por outro lado o plano para dois anos, tem um preço de 3,50 dólares, esse processo não representa qualquer problema.

O ponto forte deste serviço é que funciona 24 horas por dia, 7 dias por semana, através de um plano lucrativo, cada plano pode ser personalizado de acordo com os objectivos de cada mineiro, pelo que uma vasta gama de utilizadores pode utilizar plenamente cada opção, onde cada moeda cunhada está disponível na conta numa base diária.

Um detalhe a considerar é que não suporta outros tipos de mineração para além da Bitcoin, sendo um aspecto limitativo para quem procura extrair outros tipos de moedas criptográficas, contudo as suas vantagens compensam um pouco essa especialização única na Bitcoin.

3. Génesis

Quando se trata de um serviço mineiro extremamente fiável, sem dúvida que esta empresa é uma delas, a sua legitimidade ajuda mais utilizadores a fazer parte desta alternativa, este tipo de serviço existe, uma vez que o ambiente de moeda criptográfica era desconhecido, razão pela qual é tão fiável com base no seu historial.

A antiguidade deste tipo de plataforma é notável, uma vez que ainda reina sobre o negócio feito com a exploração mineira Bitcoin, e tem diferentes activos a dominar ou seguir de perto, como é o caso do Ethereum, Zcash, Monero, Dash, e até permite o comércio com a Litecoin.

Globalmente, esta empresa tem um serviço muito limpo, a mineração de moeda criptográfica é uma realidade sob estes serviços consolidados, onde cada equipa empregada tem uma quota-parte de confiança excepcional, sem esquecer que face a qualquer exigência surge um óptimo serviço ao cliente.

A única coisa que pode ser classificada como negativa é que não tem plataformas de troca, o que dificulta a venda de hashrates, mas é necessário investigar cada oferta para optar por um plano e uma modalidade eficaz.

4. Nicehash

Baseia-se num serviço que lhe permite decidir sobre a quantidade de hash que deseja comprar, da mesma forma que pode personalizar o tipo de termos a aplicar, por outro lado, há a quantia que está incluída, bem como o período de tempo que é necessário para que o hash esteja num nível óptimo, e a quantia que está disposto a pagar.

Além disso, a economia que faz parte deste mercado, tem uma operação especial e ligada à Bitcoin, esta é utilizada para comprar hash power, para que cada vendedor possa receber Bitcoin graças à colaboração com essa proporção, isto significa que cada pagamento é produzido em Bitcoin, para além da moeda criptográfica com a qual está a trabalhar.

As principais qualidades desta empresa, é que tem uma simples utilização, para além de ter como método de pagamento à Bitcoin, o nível de software é considerado um dos melhores para a mineração, sem deixar de lado o que vem a pagar acima da taxa de mineração, sendo uma grande ambição para qualquer pessoa.

Embora os detalhes que devem ser tratados, é que tem taxas elevadas em comparação com outras piscinas mineiras, por outro lado a taxa de pagamento tem um comportamento um pouco lento, e no caso de querer extrair pequenas moedas criptográficas, esta não é a melhor opção, uma vez que não recebem um tratamento amigável.

Estes são os serviços que têm maior tendência actualmente, cada alternativa tem os seus pontos altos e baixos, o essencial é que cobrem as medidas de fiabilidade, isto não é um detalhe menor, uma vez que online existem muitos esquemas, mas com estes cinco serviços tudo muda a favor.

Mineração de moedas criptográficas com cartões de videoGPU

Um dos tipos mais primários de mineração de moeda criptográfica, é a utilização de placas de videoGPU, sendo um método destinado na altura a lidar com bitcoins, esta alternativa ajuda a tirar partido do poder computacional que as placas de video gráfico possuem, ajudando a resolver os problemas computacionais da rede.

Este método é eficaz porque não existe uma grande potência computacional, pelo que as redes de Blockchain que têm GPU de mineração, sob a exigência de potência computacional com um nível inferior, para ter a potência de mineração.

Mineração de moedas criptográficas com máquinas ASIC

Como mencionado, a confiança nos ASIC, baseia-se nas funções do circuito, na integração de aplicações específicas, e tem um desenho único para moedas criptográficas, dentro deste cenário é um poder computacional superior, em comparação com as placas de vídeo, o que aumentou a sua frequência de utilização.

Mas ao mesmo tempo, essa concorrência aumenta a dificuldade de minar redes Blockchain onde este tipo de equipamento pode ser utilizado, a tecnologia SIC é utilizada para ser utilizada sobre a monetização do bitcoin.

O que é o algoritmo de Prova de Trabalho

Este é um dos primeiros algoritmos que foram estabelecidos no comércio de moedas criptográficas, especialmente com o início da extracção de Bitcoin, este desenho faz com que os mineiros tenham de fornecer um nível mais elevado de poder computacional, podendo assim os algoritmos complexos ser resolvidos.

Esta superação permite adicionar os blocos de transacção dentro dos blocos da rede, para notar esse nível de troca, é necessário participar no Consenso Comprovante de Trabalhar, para encontrar o hash válido que está no bloco, para o incorporar na rede, para que possa adicionar um novo bloco de operações.

Quanto mais poder computacional for obtido sobre o papel do mineiro, maior é a possibilidade de encontrar o haxixe certo, para determinar esta informação é visualizada de perto à medida que intervém no processo de extracção do bitcoin, pelo que para extrair este tipo de moeda criptográfica é obrigatório conhecer o algoritmo.

O grau de dificuldade que é medido é o quão complexo ou fácil é encontrar o hash válido para que o bloco de transacção possa ser incorporado na rede, isto varia de acordo com o poder computacional que pode ser ligado à rede, no caso específico do bitcoin a sua rede muda em termos de complexidade a cada bloco de 2016.

Por esta razão, é necessário avaliar todo o tempo necessário para adicionar o 2016 na rede Blockchain, isto foi encontrado através de uma média de cada 14 dias, isto significa que os blocos são adicionados pelo menos a cada 10 minutos, se isto mudar, e o ciclo é acelerado, requer mais demanda para a potência computacional dos mineiros.

O que é o algoritmo Delegated Proof of Stake?

O referido algoritmo, deu utilidade a esta operação, mas o que o seu próprio nome ou denominação indica é que se trata de validadores, permitindo-lhes participar como um tipo de mineiro dentro da rede, e tem uma acção semelhante à anterior, seguindo uma linha democrática.

A dinâmica desta rede, é desenvolvida sob os votos dos utilizadores para escolher quem será o tipo de utilizadores que irá trabalhar para permitir que a rede se sustente, para além de ter a aprovação das transacções.

A possibilidade de extracção centralizada de moeda criptográfica

No meio da mineração de moedas criptográficas, normalmente encontram-se várias opções, mas antes de tomar uma decisão é necessário saber o que uma moeda descentralizada implica, estas são parte de um projecto onde estas moedas funcionam através de um modelo centralizado, onde uma rede privada concorre.

Sendo uma rede privada, é gerida por uma única pessoa, um determinado grupo ou uma empresa, o melhor exemplo para este tipo de projectos centralizados é a Ripple, uma vez que é gerida por uma empresa, e no caso da Petro, tem uma gestão nas mãos do Estado, pelo que são classificados como centralizados.

Este tipo de controlo torna impossível a exploração da Petro ou Ripple, tudo porque não estão disponíveis ao público, mas requerem autorização para operar dentro dessa rede.

Dicas e truques para extrair o Ethereum

Desde o lançamento do Ethereum que foi gerado em 2015, permitindo operações de forma descentralizada, o seu funcionamento é desenvolvido através de fonte aberta, e ainda faz parte da tecnologia da cadeia de bloqueio, também é frequentemente utilizado para operar com o éter criptocêntrico.

Ethereum para além de ser uma plataforma, é composto por ser uma linguagem de programação, esta é desenvolvida através da cadeia de bloqueio, sendo uma ajuda para os programadores implementarem como Smart Contracts e aplicações distribuídas (Dapp), para deixar de lado as fraudes, sem afectar a inactividade e o controlo externo.

O éter como moeda criptográfica, faz parte da utilização da plataforma Ethereum, sendo um símbolo que é utilizado para pagar as comissões estabelecidas para cada operação ou transacção, para além dos custos de cálculo, sendo esta uma das opções mais populares para a realização da exploração mineira Ethereum.

A extracção de etéreo é realizada de forma semelhante à extracção de bitcoin, uma vez que as soluções de certas equações matemáticas devem ser executadas através de hardware apropriado, a sua dinâmica inclui mineiros de qualquer parte do mundo, e são utilizadas como resposta para decifrar enigmas criptográficos complexos.

O sucesso que se procura neste tipo de mineração, é integrar blocos à cadeia de blocos que faz parte do Ethereum, até que a recompensa esperada seja gerada, o que se traduz no primeiro mineiro que possa desvendar uma equação, recebe como recompensa 2 ETH por bloco, onde as taxas de transacção estão incluídas.

Embora seja verdade que apenas 18 milhões de novas ETH podem ser criadas durante um ano, por outro lado, a vantagem ruge uma vez que não há limites para o número total de fichas que podem ser geradas, enquanto que a bitcoin só tem um número finito de fichas, as formas de extrair ETH, são as seguintes

1. Montar uma piscina de mineração pessoal.

2. Através da mineração, que se refere à mineração numa base individual.
3. Fazer parte de uma piscina mineira ETH.
4. A extracção de nuvens, embora esta alternativa tenha um elevado nível de concorrência, e o investimento é muito exigente.

Entre as formas de extrair Ethereum, é essencial explorar as seguintes opções:

- **Etéreo mineiro através de hardware específico**

O hardware dedicado à exploração mineira Ethereum, também conhecido como Mining Rig, sendo um equipamento especial que é utilizado para esta tarefa, é composto por uma fonte de alimentação, juntamente com a placa-mãe, placa gráfica, mais um dispositivo de arrefecimento, sendo compatível com a plataforma mineira, dividida em CPU e GPU.

No caso das plataformas de mineração de CPU são responsáveis pela utilização de um processador de CPU que pode ser integrado sobre algoritmos de complexidade, que ajuda a resolver os blocos que fazem parte da cadeia de blocos, estes são populares e mais práticos sobre os mineiros, devido ao facto de ser uma solução económica e simples de usar.

O principal requisito deste processo é um computador, mas é vital notar que esta é uma forma lenta, contudo também pode ser esgotada utilizando hardware GPU, conhecido como unidade de processamento gráfico, sendo o que acrescenta aos mineiros um maior poder de agitação.

Os anéis de mineração GPU requerem placas gráficas, mas não executam os algoritmos da mesma forma que a CPU, embora consigam cumprir os processos de mineração em redes fechadas, no entanto as plataformas de mineração GPU são muito mais eficazes do que as plataformas de mineração CPU nos outros aspectos, por esta razão são mais caras.

- **Produtos para a extracção de éteres**

Antes de conhecer os melhores hardwares, é essencial ter em conta os custos que cada um representa, mas sem dúvida que são opções a considerar para ter bons resultados:

1. **Radeon RX 5700 XT**

Têm uma operação de tripla dissipação, sendo um dos melhores cartões que os mineiros de ETH utilizam hoje em dia, é capaz de extrair a uma taxa de 60 Mega Hash, requer 68w por cartão, sendo uma medida a considerar para determinar uma despesa por dia.

2. Nvidia GeForce GTX 1070

Esta é uma das placas gráficas que são frequentemente utilizadas nos jogos, por esta razão, o seu desempenho na mineração, faz com que seja escolhida como um implemento recomendado, uma vez que ajuda a manter a taxa de precipitação a um nível elevado, sem a necessidade de emitir um elevado consumo de energia.

3. Nvidia GeForce GTX 1660 Ti

É conhecida como uma opção ideal e secundária ao RX 5700, pois tem uma força ou potência para extrair pelo menos 30,5 Mega Hash por cartão, também exige cerca de 68w, sendo igual aos requisitos do 5700.

Em alguns casos, os mineiros têm uma inclinação directa para usar um Radeon, uma vez que se trata de um cartão Radeon, tem o mesmo poder que Nvidia, e é metade do custo.

- **Mine Ethereum com um PC**

Para mim a partir de qualquer lugar que lhe gere conforto, sem dúvida que o método de utilização do PC é uma grande resposta, e para isso deve ter em conta os seguintes passos destinados ao Windows:

1. Quando quiser extrair Ethereum através do Windows, deve ter pelo menos Windows 7 64 bits, embora uma versão posterior também funcione.
2. No caso da mineração, requer um PC com 4 GB de memória GPU, e no lado da RAM, deve ter 4 GB da mesma forma, sem esquecer a ligação estável à Internet, deve também ser potente.
3. Instalar a versão actual dos drivers da GPU.
4. Descarregar software de mineração, para isso existem muitos programas dedicados à mineração Ethereum.
5. Fornece as definições do Windows, procurando definir a memória virtual para ter pelo menos 16,384 MB, depois é vital ir às definições de energia do Windows para desactivar o modo de repouso, depois é necessário entrar no Windows Update para o desligar. Caso esteja a utilizar o Windows Defender ou qualquer outro antivírus, deve abrir

uma excepção, para que não haja interferência com o programa de mineração.
6. Seleccione uma piscina mineira de acordo com as suas preferências.
7. Modificar o ficheiro . bat do programa de mineração de acordo com as instruções da piscina mineira escolhida.
8. Tem a preparação da carteira para que possa armazenar os Éteres obtidos, é essencial escolher um que seja compatível com a plataforma Ethereum.

No caso da mineração do Ethereum em Mac, é uma consideração prévia, reconhecer o seu nível de rentabilidade, mas na realidade isto é respondido com a falta de disponibilidade da versão Mac, por isso, para utilizar este tipo de sistema operativo, pode usar a Interface Gráfica de Utilizador (GUI) como uma modalidade de Minergate, os passos são estes:

1. Descarregar o software a partir do seu sítio web.
2. Registe-se e obtenha uma conta.
3. Inicie sessão e comece a utilizar o software com a sua conta.
4. Iniciar a extracção de Ethereum.
5. Mas a GPU não está disponível para Mac, mesmo que se utilize Minergate.

- **O software para minerar Ethereum**

Uma importante lista de software sobre mineração Ethereum ajuda a resolver quaisquer dúvidas, fazendo com que sejam geradas recompensas:

1. **Claymore**

É uma escolha baseada na compatibilidade que tem com sistemas como Windows e Linux, é também classificada como uma das melhores para realizar mineração em Windows 10, sob estes requisitos tem um desempenho eficiente, isto porque tem o dobro de mineiro Ethereum, que ajuda a extrair moedas criptográficas com algoritmos.

O plano para decifrar o algoritmo da moeda criptográfica, não compromete a taxa de hash, e outra das suas qualidades, é que permite a mineração de outras criptos além do Ethereum, tudo através de uma comissão de 1%, no caso de seleccionar uma dupla mineração, tem uma comissão de 2%.

2. **Ethminer**

Representa um dos softwares mais populares, especialmente porque facilita a mineração de moedas criptográficas que estão associadas ao algoritmo Ethash, isto inclui Ethereum, Ethereum Classic, Musicoin, entre outros, também pode correr em Linux e Windows sem problemas, mas o poder da sua concepção é com placas gráficas Nvidia.

Actualmente, representa um dos mais brilhantes programas de mineração Ethereum, sendo ideal para Windows 7 e Nvidia.

3. MinerGate

MinerGate é conhecido como um sofwre ideal para os utilizadores de Mac que queiram extrair Ethereum, fazendo com que seja uma realidade para minar BTC, Zcash, Monero, DASH, e outras fichas similares, a taxa de comissão que surge é de 1%, e até 1,5% dependendo do tipo de moeda, a sua gestão é muito simples de manusear, útil para principiantes.

4. CGMiner

Representa um dos softwares básicos de mineração Etthereum, também é gratuito, é escrito em C++, isto ajuda-o a ser compatível com a maioria das plataformas, o seu funcionamento tem uma interface de comando simples, para que possa funcionar através de múltiplas piscinas, bem como dispositivos de mineração.

A interface que tem o software, ajuda a configuração dos comandos é simples, tem também ferramentas como a calculadora mineira Ethereum, porque permite controlar e detectar a taxa de hash, a sua concepção original é para a piscina mineira Ethereum, da mesma forma que se pode utilizar a GPU.

- **A rentabilidade da exploração mineira Ethereum através de um computador portátil**

A exploração mineira da ETH, cada vez que desafia e testa diferentes meios para realizar este processo, ao qual se junta a escassez de GPUs, fazendo com que a NVIDIA se torne uma prioridade para qualquer mineiro, esta posição ganhou mais importância quando surgiu um anúncio da NVIDIA e da AMD sobre a sua escassez.

Esta situação afecta directamente as actividades de um grande número de utilizadores em linha, especialmente os mineiros de moedas criptográficas, o que levou a que a principal solução e dedicação seja dada nos computadores portáteis que têm placas gráficas GeForce RTX, fazendo parte da série NVIDIA 30, que é utilizada para extrair Ethereum.

Mas, um portátil é capaz de extrair ETH e ao mesmo tempo ser rentável, quando este tópico é investigado mais aprofundadamente, sendo uma área que faz sentido na China, porque foram emitidos vídeos sobre como é simples e rentável extrair Ethereum através desta forma, fazendo com que um computador portátil ganhe proeminência.

O essencial, é que tais computadores possam ter a inclusão de uma placa gráfica RTX 3060, tornando possível num curto espaço de tempo a exploração mineira, mas não gera bons dividendos económicos, embora com o portátil NVIDIA, haja a possibilidade de extrair uma quantidade superior a 2 ETH por ano.

O detalhe que ainda não é estudado em profundidade, é o consumo de energia, pelo que pode ser uma despesa significativa, mesmo excedendo a quantidade de moedas cunhadas, para que a mineração de GPU seja rentável é necessário minerar pelo menos 24 horas por dia, 7 dias por semana, o que pode causar danos ao equipamento.

O negativo é que este tipo de dispositivos não são concebidos para suportar essa carga de trabalho, muito menos se for permanente, pelo que se deve pensar na exposição que receberá aquele portátil, pois pode não resistir, e mesmo exceder o custo do computador, a quantidade gerada após a exploração mineira.

Atingir Melhores Resultados de Mineração com uma GPU NVIDIA

O falso mito de precisar de PCs de última geração para as moedas criptográficas das minas deve ser posto de lado, porque o mais importante é baseado na placa gráfica, mas o que realmente merece atenção é a questão do arrefecimento, porque isso ajuda a GPU a continuar a correr a uma velocidade notável.

As quedas de temperatura podem ser controladas tomando os cuidados necessários, caso contrário pode escolher um processador de baixo nível, porque os outros elementos são responsáveis por manter um desempenho óptimo, tal como a integração da fonte de alimentação, onde não se deve economizar em algum nível de investimento.

É aconselhável utilizar uma fonte de alimentação com certificação 80 Plus Platinum, pois caso contrário, a menor eficiência apenas causa um maior nível de calor, e aumenta o consumo de energia, por esta razão para a exploração mineira Ethereum, é uma grande opção NVIDIA GPUs, onde os seguintes elementos devem ser considerados:

- **Largura de banda com VRAM:** A mineração de etéreo pode ser realizada de forma óptima, quando a largura de banda da placa gráfica é maior, é por isso que no mercado é altamente exigida a compra da GeForce RTX 3000, uma vez que fornecem uma largura de banda a considerar.
- **Consumo de energia imposto pela placa:** Não há dúvida que o aspecto energético é um elemento de grande relevância, porque as diferentes velocidades são alcançadas sob as funções de overclock da GPU, onde tensões mais baixas podem ter impacto nos valores da placa gráfica.

Portanto, o melhor resultado é conseguir uma combinação de velocidade VRAM, juntamente com a velocidade do relógio, de modo a obter um desempenho superior, até que as tensões sejam baixas, porque o ideal é que a relação mineração/consumo seja equilibrada, procurando que esteja abaixo de um nível elevado, o que ajuda a rentabilidade a ser uma garantia.

Para atingir este tipo de objectivos, é melhor utilizar o MSI Afterburner, pois é uma ferramenta que facilita o controlo do software para ajustar o valor da tensão e o valor do relógio GPU, que inclui memória, para obter tal tipo de resultado, pode escolher entre a série de placas gráficas NVIDIA GeForce.

Descobrir como extrair Ethereum usando Ubuntu Linux

Na exploração mineira existem diferentes métodos que podem ser utilizados, especialmente aproveitando a potência da placa gráfica conhecida como NVIDIA GeForce GTX 1070, sendo uma das melhores alternativas para a exploração mineira, uma vez que tem um poder de processamento notável, e confere eficiência ao nível energético.

Em comparação com outras cartas, esta representa uma solução notável, é a GPU de gama alta que gera um menor impacto no investimento de electricidade, tendo como resposta este tipo de hardware, o que se segue é pensar no software, onde se destaca para realizar mineração em Linux, por ser um método muito melhor.

Esta preferência em relação ao Linux, deve-se ao facto de ser composto por ser um sistema operativo livre, pelo que o investimento é significativamente reduzido, sem deixar de lado que a exploração mineira pode ser praticada com maior eficiência, fazendo com que a taxa de haxixe possa ser mais elevada, até três vezes mais, em comparação com o Windows e utilizando o mesmo hardware.

A utilização de Linux para servidores ou projectos web é uma realidade, uma vez que proporciona resultados positivos, a sua evolução neste tipo de alvo é positiva, também a sua instalação e funcionamento são passos simples, pelo que os métodos a levar a cabo é a instalação do Ubuntu, tendo um computador que tem Linux, naturalmente.

O mais amigável em termos de investimento e operação é operar usando Ubuntu, para isso é necessário ter os seguintes requisitos:

1. Memória USB de pelo menos 2 GB.

2. Descarregar Etcher, este programa é compatível com Windows, Linux ou Mac.
3. Tem o instalador do Ubuntu 16.04.

A primeira coisa a fazer com estes itens, é formatar o stick USB, depois deve abrir o programa Etcher, para seguir um a um os passos de instalação, depois o programa requer adicionar onde está o . iso que pertence ao instalador do Ubuntu, isto é realizado de uma forma simples.

Uma vez respondido em que disco o sistema operativo está instalado, o resto avança automaticamente, o que também pode ser feito através do particionamento do disco para ter o Windows e o Ubuntu ao mesmo tempo, ou por outro lado pode investir num disco de 120 GB para deixar o Ubuntu, esse tipo de capacidade não é tão cara como se pensa.

Quando este tipo de instalador estiver concluído, é altura de avançar para desligar a pen USB, isto requer reiniciar a máquina, para entrar no Ubuntu, o seguinte é instalar o software que lhe permite extrair o Ethereum, para isso deve ter os seguintes requisitos

1. Instalar Geth e ethminer.
2. Acrescentar os condutores que pertencem às placas gráficas.

3. Registe-se e obtenha uma carteira pessoal para receber o Ethereum que extraiu.

O passo seguinte é executar passos a partir da janela do terminal, o lançador Ubuntu está localizado no canto superior esquerdo, isto faz parte da interface, é executado pressionando a tecla Windows, para proceder à digitação "terminal2, assim o ícone anterior aparece para iniciar a aplicação.

Após passar esta fase, é tempo de instalar o repositório APT que faz parte do Ethereum, através dos comandos: sudo apt-get install software-properties-common, sudo add-apt-repository ppa: ethereum/ethereum, sudo apt-get update, introduzindo estes comandos, pode instalar geth e ethminer.

Para que a instalação tenha lugar, é necessário instalar os comandos sudo apt-get install ethereum ethminer geth, ao concluir isto, é altura de instalar os drivers da placa gráfica, nesta etapa deve prevalecer o apoio da CUDA para realizar a exploração de Ethereum, sendo algo chave.

É essencial cumprir a etapa anterior, uma vez que os drivers Linux de código aberto são classificados como suficientes, pelo que deve procurar os drivers específicos para a GPU que escolheu, ao instalar esses drivers, não pode executar ao mesmo tempo a interface gráfica do Ubuntu, pelo que deve sair.

Para sair desta interface, deve premir o comando pure e hard, ou seja Crtl + Alt + F1, depois esta exigência de introduzir a palavra-passe juntamente com o utilizador, isto faz com que se possa parar o servidor X após o comando sudo service lightdm parar, executando assim o driver da placa gráfica, para isso deve seleccionar a pasta onde se encontra.

Para terminar esta instalação é necessário reiniciar o computador, por meio do comando sudo shutdown -r now, depois quando o iniciar entra novamente na janela do terminal, neste ponto é feito um teste para determinar se ethminer é capaz de detectar as placas gráficas, aplicando o comando ethminer -list-devices.

O resultado deve ser compatível com o número de placas gráficas que a sua máquina possui, isto no final inclui o nome e a memória total, quando o resultado não é exacto, significa que o passo anterior não foi feito correctamente, ou por outro lado, a GPU pode não estar ligada correctamente.

No caso de estar correcto, ou resolvido, o seguinte é executar um benchmark ethminer, após o comando: ethminer -M -G, no caso de -M é uma indicação ou aviso para executar o benchmark, em vez disso o -G é fazê-lo com as GPUs que estão instaladas, no primeiro momento de executar esta etapa, deve criar um DAG.

Este procedimento demora entre 8 e 15 minutos, no final apresenta a revelação da taxa mínima de hash, a média e também a máxima, cada placa gráfica tem a sua própria taxa, sem e com o overclock para definir ambas as velocidades, finalmente o passo seguinte é criar a carteira para receber o Ethereum.

O passo é instalar geth, uma vez que isto permite criar a carteira, bem como atribuir uma senha única, onde a nova função da conta geth encaixa, é essencial ter muito cuidado com a senha escolhida, pois faz parte do controlo e administração do Ethereum.

O resultado final do comando, representa ou conforma uma longa sequência de números e letras, o que está dentro dos parênteses representa o endereço da carteira, uma vez minado, o que é gerado é armazenado nesse endereço, para além de poder receber antes de qualquer utilizador que queira enviar-lhe Ethereum.

Métodos para extrair Zcash

O objectivo do Zcash como uma forma de mineração, surge a partir do ano 2013, através do desenvolvimento do Zooko Wilcox, sendo uma medida alternativa para corrigir a questão da privacidade do Bitcoin, pelo que foi gerada uma combinação entre Bitcoin e Zcash chamada Protocolo Zerocash.

Assim, é apresentada como uma moeda criptográfica que cuida da privacidade, tudo sob o mecanismo de identidade chamado zk-SNARKs, o que assegura que cada transacção é completamente privada e anónima.

A ficha que pertence ao Zcash é ZEC, tal como acontece com outras moedas criptográficas, esta tem um fornecimento limitado de pelo menos 21 milhões de fichas, conhecendo estes detalhes básicos, a seguinte mineração tendo em conta que o Zcash utiliza um algoritmo chamado Equihash que não é semelhante ao hardware ASIC.

Por outro lado, um aspecto peculiar é que Zcash tem um tempo de bloco estimado de 1,25 minutos, enquanto os de Bitcoin são 10 minutos, isto faz com que a recompensa seja de 6,25 fichas ZEC para cada um dos blocos resolvidos, isto é vital para ter em conta a compra de um hardware e software especial para a exploração mineira Zcash.

- **Mina Zcash com CPU**

Este é um tipo de mineração que utiliza um potencial processador do computador para minerar, conhecido como CPU mining, onde se deve procurar um núcleo com processador de alto desempenho, pelo que se recomenda a utilização de GPUs para que o retorno do investimento não seja baixo, especialmente face à procura causada pelo software, o que faz com que tenham uma vantagem.

- **Mina Zcash com GPU**

Esta é uma das modalidades de mineração mais desenvolvidas, e é realizada através da utilização de placas gráficas, para deixar de lado a resistência que as moedas criptográficas têm aos ASIC, por esta razão é uma opção que ganha mais destaque, acima dos ASIC e CPUs.

Entre as GPUs com elevado desempenho, não há dúvida de que as placas AMD, bem como a NVIDIA são uma excelente alternativa, é essencial escolher uma que tenha pelo menos 1 GB de RAM, para além de pensar em opções que sejam eficientes em termos energéticos.

Os GPUs mais populares para mineração ZEC, é o GTX 1080, uma vez que tem uma poupança de energia significativa, também o GTX 1080 Ti tem mais potência quando se extrai o Equihash mas é caro, a este é adicionado o AMD Vega 56/64 mas não tem tanta eficácia no algoritmo do Equihash.

- **Mina Zcash usando ASICs**

Da mesma forma que reiterado acima, o algoritmo Equihash, tem resistência quando se pretende extrair Zcash, mas em resposta a este problema, o hardware ASIC, reconhecido como Bitmain, pronunciou-se sobre o lançamento do ASIC a ser implementado no algoritmo Equihash, ou seja, procurando compatibilidade com Zcash.

Este tipo de hardware é conhecido como Antminer Z11, que fornece até três vezes mais potência do que o anterior Z9 mini, possui uma força de hash de 135 KSol/s, além de proporcionar uma notável margem de eficiência energética.

- **Software dedicado à mineração Zcash**

Tendo coberto a questão do hardware, o passo seguinte é a instalação de um software de mineração Zcash, para isso há uma grande variedade a ter em conta, entre as mais notáveis está o software de mineração Zcash, embora este só funcione com CPU, de modo que para utilizar GPU outros softwares podem ser desenvolvidos.

É aconselhável utilizar GPUs AMD e GPUs NVIDIA, como as mais solicitadas pela comunidade mineira, neste ambiente é aconselhável começar com um grupo dedicado à mineração, porque isso ajuda a aumentar as hipóteses de obtenção de fichas, é um método mais bem sucedido neste caso.

Aprenda a minerar Litecoin

Cada aspecto da mineração Litecoin é uma forma de ganhar recompensas, especialmente porque a mineração Bitcoin demora até 10 minutos após cada bloco ser confirmado, enquanto a Litecoin tem uma velocidade quatro vezes mais rápida, com 2,5 minutos de estimativa.

Esta informação é um excelente começo para começar a pensar na exploração mineira Litecoin, que tem como requisito ter hardware especializado para atingir este objectivo, mas para isso há uma variedade de opções disponíveis para desenvolver esta alternativa, o essencial é ter investimento.

A exploração mineira pode ser desenvolvida individualmente ou em parceria, o importante é escolher a alternativa mais apropriada, desenvolver as seguintes formas de monetização, tendo em conta as utilidades mais apropriadas para ter uma margem de lucro positiva:

- **Litecoin hardware de mineração**

Os benefícios de Litecoin mining, podem ser obtidos através da utilização de uma CPU, ou também ter uma GPU como unidade de processamento gráfico, mas o resultado mais substancial dos ganhos, é apresentado com elementos especializados como os ASIC, sendo uma série de funções mais poderosas.

Por esta razão, para poder explorar, deve pensar em investir para a aquisição da próxima peça:

1. **Antminer L3+:** É visto como um dos mais poderosos hardwares mineiros, pois tem uma velocidade notável, e isto ajuda a competir para encontrar resultados positivos, e os cálculos que se desenvolvem, emitem uma taxa de hash muito positiva, o que significa que a sua resolução é mais rápida do que outros hardwares.

No caso de isto envolver um nível de investimento mais elevado do que o que tem disponível, pode pensar em mineração de nuvens, embora os benefícios económicos sejam menores, pelo que se trata de aprender e explorar a forma como esta actividade é desenvolvida.

- **Litecoin software de mineração**

Para desenvolver a mineração Litecoin é vital que a peça Antminer L3 ou L3+, obtenha uma configuração adequada, o que não é complicado, especialmente porque inclui um ficheiro dedicado à instalação, para que este processo seja feito eficazmente, é necessário seguir os seguintes passos:

1. Entre no site BitMain, uma vez que é o fabricante da Antminer, dessa forma poderá criar uma conta.
2. Através do driver de hardware, o botão IP Reporter deve ser premido durante pelo menos 5 segundos até ser produzido um sinal sonoro.
3. Depois, quando o endereço IP é exibido no ecrã, deve iniciar a sessão no sítio Web BitMain.
4. Uma vez aplicada esta configuração, a próxima coisa a fazer é ir à carteira da Litecoin, para que as moedas cunhadas possam ser enviadas.

É importante notar que antes de comprar qualquer hardware, estudar todos os custos associados ao seu funcionamento, seja a electricidade variável, bem como a compra de equipamento.

O caminho para a mina de bitcoins que precisa de conhecer

O funcionamento do Bitcoin, baseia-se na sua limitação de 21 milhões de moedas, e é um montante que não recebe modificações, pelo que a quantidade de moedas libertadas é fixada como recompensa pelo trabalho ou esforço realizado, que é limitado no software e é de 210.000 para cada bloco.

A cada 10 minutos são emitidas moedas para gerar uma circulação frequente, e é o resultado final da compensação que surge após a extracção, é uma acção contínua de geração e validação de cada bloco, até formar um grande livro que pertence à rede da cadeia de blocos, pelo que a missão é que as novas bitcoins estejam a funcionar e recebam comissões.

O processo de mineração Bitcoin, é realizado com acções de rotina, o que muda é o problema matemático que é apresentado, estas surgem a cada 10 minutos, e a intenção é de emitir velocidade para a sua resolução, quando a solução é encontrada, é tempo de obter a recompensa esperada, a própria rede impõe tempos de transacção por precipitação.

Os requisitos de hardware ou software devem ser cobertos, uma vez que deve ser criado um sistema que permita verificar as operações, sendo algo chave para evitar que possam utilizar a mesma quantidade de Bitcoin em mais do que uma ocasião, uma vez que corresponde a uma introdução de moedas falsas no mercado.

- **Cooperativa mineira ou piscina para Bitcoin**

Para aspirar a uma resolução de cálculos matemáticos, é vital ter poder computacional, pois isso faz com que haja facilidade para resolver um bloco, patrocinando o âmbito das recompensas, pelo que trabalhar em conjunto pode ser uma resposta, juntar-se através do pool é uma facilidade para resolver blocos.

Por outro lado, fazer este tipo de operações por conta própria pode ser um processo muito mais complexo, pois o poder computacional não é o mesmo, pelo que a parceria com outros utilizadores é uma medida mais eficaz em matéria económica.

- **O que a recompensa representa para o mineiro**

O código bitcoin é responsável pela validação de um bloco, e é isso que liberta uma certa quantidade de moedas, normalmente estabeleceu a medida de 6,25 bitcoins para cada novo bloco que foi validado, porque a terceira redução para metade da bitcoin teve origem a 11 de Maio de 2020, embora a esse tipo de montantes, as comissões devam ser incorporadas.

Cada bloco dos 210.000, são oferecidos como recompensa e reduzidos para metade, fazendo parte do conceito de reduzir para metade, este é o objectivo que se persegue para ser mineiro Bitcoin, com um olhar directo para a monetização.

- **Requisitos para mineração de bitcoin**

No início, a extracção de bitcoin é feita utilizando processadores ou CPUs de equipamento informático, uma vez que não era uma actividade muito ocupada ou muito menos, no entanto, quando mais utilizadores começaram a fazer parte desta medida, gerou um nível de dificuldade mais elevado, exigindo assim mais potência informática.

Mas ao mesmo tempo, à medida que a quantidade de requisitos aumenta, aumenta também o nível de recompensa, razão pela qual começaram a integrar placas gráficas como os melhores aliados, o mesmo se aplica às GPUs, uma vez que são processadores gráficos, especialmente com as versões emitidas por bitcoin que permitem utilizar mais processadores.

Este tipo de liberdades, faz com que máquinas especializadas sejam integradas, como os ASIC, baseia-se num computador concebido para esta tarefa, porque tem um poder computacional superior, fazendo com que as placas gráficas deixassem de ser um requisito inquebrável, embora estes ASICs não tenham o desempenho de um PC normal.

Melhores Piscinas de Mineração em Cryptocurrency

Quando não tem experiência em mineração de moeda criptográfica, é fácil pensar e optar por piscinas, especialmente quando conhece as maiores do mercado, e estas podem ser medidas com base na taxa de haxixe, dessa forma também pode usufruir de uma garantia significativa de estabilidade, e até mesmo ter pagamentos frequentes.

Este nível de cobertura através do trabalho conjunto para a exploração mineira é brilhante, por esta razão, deve conhecer as melhores piscinas mineiras:

1. BTC.com
2. AntPOOL.
3. PISCINA DE LIXO.
4. ViaBTC.
5. F2pool.

No meio da escolha do pool, muitos factores influenciam, portanto, certos aspectos devem ser considerados para continuar o caminho adequado, uma vez que isto depende da geração de lucros, é essencial analisar os dados do sistema de recompensa dos pools, para que se obtenha clareza sobre o que é mais adequado.

Embora não se possa ignorar que certas piscinas enfrentam problemas diários, o que empurra para a existência de um problema ou tempo de paragem, por isso é melhor utilizar outras opções para qualquer situação, para que o desempenho possa ser sustentado a 100%, de modo semelhante pode ser classificado de acordo com estes itens:

- **Piscinas de mineração sem registo**

Muitas das piscinas para a exploração mineira requerem um registo prévio, o que faz com que cada mineiro possa ser organizado, e até receber notificações e estatísticas sobre esta actividade, embora o registo seja geralmente um processo simples e fácil, basta um nome de utilizador.

Os pré-requisitos têm a ver com o correio electrónico, que também funciona como um meio de comunicação onde surgem notificações, mas quando não se pretende utilizar este método de registo para uma questão de privacidade, é apropriado conhecer as piscinas que não requerem registo prévio:

1. CKPool.
2. Eligius.
3. P2Pool.

No meio destas alternativas, pode ter acesso a uma vasta gama de funções sem se registar, onde cada equipamento mineiro é responsável por ter um software que lhe permite ligar-se à piscina que pode escolher, onde tem a facilidade de não se registar de modo a não fornecer informações privadas no website da piscina.

No caso de querer minerar Bitcoin, tem de fazer configurações prévias no software mineiro ASIC a partir do PC, onde não existem websites envolvidos sobre essa função, mas tem de abrir a pasta do software mineiro, bem como utilizar os parâmetros de arranque rápido, de modo a que cada grupo possa ser utilizado por uma cópia e cola.

Dash Mining Cheats

No meio das populares moedas criptográficas, não há dúvida de que o Dash Blockchain se destaca, especialmente porque, ao contrário de outras moedas, mantém um fluxo directo com dois sistemas, em paralelo é ligado a essas linhas, e a rede é formada por nós mestres, e do outro lado estão os mineiros.

O papel dos mineiros dentro da rede Dash é que eles são responsáveis pela realização de verificações e estudos sobre cada operação realizada na rede Blockchain, o que os leva a contribuir com tempo e poder informático, uma vez que é uma prova do trabalho que está no sistema.

Conhecendo estes detalhes básicos, o próximo passo é reconhecer o algoritmo que o Dash tem, que é chamado como um processo X11, que funciona sob a dinâmica acima mencionada, ancorado às operações Bitcoin, mas cada função é desenvolvida sob uma visão diferente, porque é desenvolvida sob 11 sequências de hashes criptográficos.

O processamento dessa prova de trabalho, é realizado através do algoritmo SHA-256 que pertence à Bitcoin, embora as suas acções sejam dedicadas a mobilizar numa única sequência de hash, sendo um ponto considerado pelo criador do Dash, sob a motivação de lidar com um algoritmo difícil de implementar as máquinas ASIC.

Face a um cenário centralizado, onde o equipamento tinha pouca acção, surgiram dispositivos capazes de funcionar através do algoritmo X11, ou seja, foram sujeitos a uma actualização, mas acima destes dispositivos, o funcionamento da moeda não é centralizado, o que causa um elevado nível de segurança.

A diferença entre a exploração mineira Bitcoin e Dash baseia-se nas recompensas da rede Bitcoin, que tem 210.000 blocos, enquanto Dash emite recompensas após 210.240 blocos, que são criados a cada 2,6 minutos, o que é um ponto diferencial notável, por outro lado, o desenvolvimento deste procedimento considera estes aspectos:

- **Hardware de mineração de barras**

No início podia-se extrair Dash, utilizando equipamento básico como GPU e CPU, isto foi mantido durante algum tempo sob o tratamento do algoritmo X11, mas depois com os dispositivos ASIC isto mudou completamente, deixando de lado o CPU, bem como o GPU, os equipamentos de mineração ASIC que têm maior eficiência e preferência no mercado são os seguintes:

1. Bitmain Antminer D5, tem uma taxa de haxixe de 199 GH/s, no valor aproximado de $1200.
2. Spoondoolies SPx36, a sua taxa de haxixe tem 540 GH/s, em troca de um custo composto por 7000 dólares.
3. iBelink DM56G, consistindo numa taxa de hash de 56 GH/s, sob uma taxa financeira ou custo de $5500.
4. Innosilicon A5, fornece uma taxa de hash de pelo menos 32 GH/s, para um investimento de $2999.

Mas este equipamento deve ser minuciosamente investigado, porque os modelos estão desactualizados de um momento para o outro, especialmente porque o algoritmo X11 exige cada vez mais poder, por isso, antes de comprar, é vital ter em conta as novidades nesta área.

- **Lucros que provêm da mineração Dash**

Os lucros da mineração Dash, surge da mesma forma que com outras moedas criptográficas, onde se espera que gere um bloco correctamente, para obter a recompensa por tal trabalho, é o mesmo sistema de mineração que é imposto como tema geral, mas em Dash a forma de partilha muda, uma vez que não ocorre apenas com os mineiros.

A parte do lucro é dividida com os Nodos Mestres, uma vez que estes fornecem uma prova de serviço, bem como a adição da comissão para o fundo de tesouraria Dash, após estas comissões para o ordenar dessa forma, traduz-se em 10% de retenção da recompensa do bloco, o restante vai para o fundo.

Uma vez feita essa redução económica, o resto dos ganhos são divididos 50/50, entre o mineiro que foi adicionado ao bloco, e a outra parte está no Nó Mestre, este é seleccionado de acordo com a função que foi programada, isto faz com que o mineiro mantenha 45% do montante total da recompensa do bloco.

Utilização de Raspberry Pi para a mineração de Cryptocurrency

Quando se trata de moedas criptográficas de mineração, existem diferentes métodos e utilidades que ajudam a obter lucros, mas isto causa a procura de um hardware ideal é uma obsessão para qualquer pessoa, especialmente à procura de rentabilidade, mas a realidade é que é difícil encontrar uma opção satisfatória em todos os sentidos.

No caso das GPUs, torna-se uma tarefa árdua descobrir a melhor alternativa, mas existe uma forma de lucrar através de activos, sem necessidade de fazer qualquer esforço no meio, pois é crucial saber tudo sobre Rapsberry Pi, pois é o que torna possível esta premissa de lucro.

Independentemente de ser principiante ou especialista no mundo das moedas criptográficas, é comum ser mencionado "empilhamento", é conhecido como apostas e está fortemente associado ao meio Ethereum, bem como a outras moedas digitais, mas para chegar a isso, o conceito inicial é decifrar o que significa apostar.

A geração de dinheiro através do mercado de moedas criptográficas é uma realidade, mas com um investimento em termos de hardware, para além das exigências de outros recursos externos como a electricidade, destes factores depende se é rentável ou não, aposta na exploração mineira.

Normalmente, o hardware utilizado para minerar moedas criptográficas em grande escala é em grande parte caro, o que inclui até a questão da manutenção, que faz com que a mineração não seja vista como uma medida lucrativa, mas a característica Raspberry Pi, entra em acção quando se possui uma quantidade de ETH na carteira, para participar no processo.

Muitas dúvidas sobre a tarefa de empilhar moedas criptográficas, através de um simples hardware, mas na realidade isto é possível, embora deva ter em conta o detalhe da memória, para que isto seja feito eficientemente, é necessário um pequeno PC, mas possuindo a variante do Raspberry PI 4 de 8 GB.

O dispositivo acima mencionado é o único capaz de lidar com o algoritmo Ethereum Proof Of Stake, bem como os seus requisitos de RAM para que o software possa ser validado correctamente, como uma questão de recomendação, pode também incluir um disco externo com pelo menos 1TB de capacidade.

A quantidade de blocos que fazem parte do Ethereum, tem um valor ou peso de 200 GB, também permanece em constante crescimento, pelo que a recomendação da unidade de 1 TB faz mais sentido, sendo uma função que ajuda durante anos a funcionar sem problemas, mas é algo no futuro, para começar essa quantidade de espaço não é necessária.

É essencial ter em conta que o processo de empilhamento não é uma poderosa procura de recursos ou muito menos, por isso um Raspberry Pi é uma ajuda para que as dores de cabeça comecem neste mundo são deixadas de lado, por outro lado, é vital ter a inicial com 32 ETH, o seguinte é aplicar a configuração.

- **Preparar o Rapsberry Pi para fazer o empilhamento ETH**

Ao iniciar o empilhamento, estão disponíveis duas abordagens principais, a primeira é desenvolvida através de um script automatizado, que é instalado automaticamente para obter o software necessário, enquanto que a segunda tem a ver com a configuração manual, para principiantes, o primeiro método é o melhor.

O importante é começar a executar o Raspberry Pi, em qualquer caso, o site oficial fornece instruções recentes, sem deixar de lado a incorporação da arquitectura de hardware, depois seleccionar para correr em direcção ao nó de empilhamento sobre o Ethereum testnet.

Como minerar o steem

Não há dúvida de que as redes sociais controlam tudo em todo o mundo, por esta razão há moedas criptográficas ligadas a essa dinâmica, tais como o steem que está relacionado com o momentum do Steemit, ou seja, um meio que é motivado e funciona com base em redes sociais.

Cada utilizador cria e pode escolher o conteúdo do Steemit, da mesma forma que acontece com outras redes sociais, semelhantes à Reddit, Hacker News e outras, em troca há a recompensa de obter fichas Steem, sendo um mérito da sua contribuição nesta rede, ou seja, a operação é baseada no mérito.

Como um conteúdo emite valor, nessa mesma linha, uma editora pode ganhar mais dinheiro, este é medido sob os votos emitidos pelos utilizadores, fazendo com que haja uma hierarquia de conteúdos, de modo que, ao votarem fortemente numa publicação, quanto maior o ganho que ocorre.

O desenvolvimento de Steem, é realizado através de 3 tipos de fichas, que é o que constitui o funcionamento de Steemit, onde se destacam as seguintes:

1. **Steem**

É uma moeda criptográfica que é instalada principalmente na plataforma Steemit, e é obtida quando o editor de conteúdos consegue colher votos, isto permite ganhar fichas Steem, estas são dirigidas a utilizadores que mantêm uma grande quantidade de Steem Power, sendo uma satisfação para mais pessoas investirem na rede.

2. Steem Power (SP)

Para ter um voto no Steemit, é necessário converter o Steem in Steem Power (SP), este processo chama-se "on", e é equitativo com o investimento de capital na rede Steemit, onde cada uma das unidades de SP é equivalente a um voto, isto faz com que o utilizador com mais SP, tenha mais influência para premiar um conteúdo.

Isto significa que um voto a favor ou contra, por um utilizador com mais SP, tem mais valor do que os votos emitidos por utilizadores com menos SP.

3. Dólares Steem

Têm uma valorização de 1:1 em relação ao dólar americano, é um mecanismo que procura que este tipo de rede possa crescer em maior escala, onde o aspecto económico é tratado.

O processo de mineração começou a fazer parte desta medida, desde os testes até à selecção e ao trabalho com o protocolo de prova delegada de estaca, esta tecnologia é utilizada com pequenas diferenças em relação à mineração, porque em vez dos mineiros, os actores são testemunhas.

O objectivo de implementar este tipo de modelo de algoritmo para aumentar a velocidade das transacções na plataforma, tornando-a num ambiente escalável, utilizando portanto fichas que podem participar sob contas aprovadas, para que possam criar blocos a cada três segundos.

Este cenário significa que cada 21 fichas, ou nós, são responsáveis pela geração de 21 blocos em cada ronda de 63 segundos, esta é uma velocidade de extracção considerável, mas a cadeia de blocos Steem, difere da Bitcoin porque não atribui 100% das moedas que foram criadas, mas 10% é designada como recompensa pelas fichas.

A outra percentagem restante de 90% das novas moedas, é transmitida a editores de conteúdos, detentores de Steem Power e curadores, é essencial notar que sendo uma testemunha não tem a ver com acções mineiras tradicionais, porque tudo é tratado por votos, deve também ter os seguintes requisitos

1. Os servidores de grande desempenho, devem ser seguros, sem falhas, para serem localizados dentro das primeiras 20 testemunhas, pois devem ter características de 64 GB DDR4 RAM, por outro lado 2x Intel Xeon E5-2630 V3, 2x 240 GB SSDs, e 1 Gbit/conexão, sem negligenciar a segurança informática contra ataques.
2. Instalar o steem, é um passo onde se edita o ficheiro que pertence à configuração, e depois se sincroniza com a cadeia de blocos.
3. Utilize a carteira CLI para conceber uma chave privada, além de modificar mais uma vez o ficheiro de configuração.
4. Actualiza a testemunha, o que requer a publicação de uma declaração de testemunha como parte de um fio condutor.

É essencial notar que as testemunhas que têm mais SP, e estas estão entre as 20 melhores, geralmente têm lucro, têm uma estimativa de 0,18 Steem Power a cada 63 segundos, sendo uma estimativa de 250 Steem Power para cada dia, o que vale cerca de 300 dólares por dia, dependendo do preço que têm Steem nesse momento.

Descobrir como extrair Ravencoin

O projecto Ravencoin representa uma medida de fonte aberta, e vem de um garfo de Bitcoin, este tipo de moeda criptográfica especializada na transferência de activos, através do sistema de ficheiros interplanetário (IPFS) e mensagens, procura que os activos possam ser transferidos sem qualquer fricção.

A Ravencoin tem um número limitado de fichas, baseado em 21.000.000 unidades, o processo de mineração é desenvolvido com base no algoritmo que tem como prova de trabalho, baseado no modelo Bitcoin Unspent Transaction Output, sendo ancorado no garfo do código Bitcoin.

É a 52ª moeda criptográfica, uma das maiores do mundo, é também um campo que não tem muitos utilizadores, pelo que em termos de mineração pode ser uma grande oportunidade para principiantes, a primeira coisa a ter, é equipamento que facilite a extracção da ficha.

- **Ferragens para minas Ravencoin**

O ASIC é resistente ao trabalho com a Ravencoin, isto significa que a GPU é necessária para efectuar a extracção, isto é uma grande vantagem porque não requer grandes investimentos em equipamentos potentes, nem surgem despesas exageradas associadas à energia, embora seja aconselhável comprar placas AMD ou NVIDA com 3GB de RAM.

- **Software para a exploração mineira Ravencoin**

Todo o equipamento mineiro precisa de um software, e para o escolher deve ter em mente o tipo de GPU que pretende utilizar, o mais eficaz é o T-Rex Mineiro, Gminer, NBminer, KawPowMiner, e TeamRedMiner, cada um com um design e função focalizados no manuseamento de moedas criptográficas, uma vez que são minas especializadas.

- **Rentabilidade da exploração mineira Ravencoin**

Através das funções da Ravencoin, existe uma vantagem única sobre outras moedas criptográficas, uma vez que têm um elevado nível de resistência ao ASIC, e o algoritmo de mineração está centrado na redução dos riscos de centralização, para que cada mineiro possa trabalhar sozinho e obter recompensas.

Tudo sobre mineração Siacoin

A rede da Siacoin emitiu a utilização da moeda criptográfica da Siacoin, esta empresa de armazenamento em nuvem, bem como uma rede descentralizada peer-to-peer, a sua operação é uma das mais favoritas online, uma vez que cumpre elevados padrões de privacidade, e para pagar por esse serviço, é necessário empregar a sua moeda criptográfica.

A emissão da moeda criptográfica Siacoin é ilimitada, graças à enorme quantidade ilimitada de dados que podem criar e armazenar, fazendo com que haja uma grande circulação de fichas, por isso, para ganhar a Siacoin, é necessário alugar o seu próprio espaço a partir do armazenamento do excedente da rede Sia.

Para extrair esta moeda criptográfica, deve saber que a cadeia de bloqueio está sob o algoritmo de consenso da Prova de Trabalho, sendo uma forma de protecção para as operações, esta moeda criptográfica como as restantes, distribui recompensas de bloqueio como motivação para os mineiros.

Quando se pretende extrair Siacoin, é necessário escolher os melhores mecanismos para realizar estas operações benéficas, onde se destacam os seguintes pontos:

- **Ferragens para executar a exploração mineira Siacoin**

Além do facto de muitas moedas criptográficas serem extraídas apenas com GPUs, a Siacoin rege-se pela mesma compatibilidade que a Bitcoin tem, aceitando trabalhar com dispositivos especializados como os ASIC, sendo um hardware imposto como solução, pelo que para ser rentável a exploração mineira a Siacoin Mining é vital para a utilização destes dispositivos.

O desenvolvimento do ASI, é uma solução abrangente para a mineração de Siacoin, através do Obelisco SC1, onde a potência é igual a 100 GPU, atinge uma taxa de hash de 300 GH/s, onde o algoritmo Blake2b é executado, o que exige um nível de 500w de electricidade, mas não requer investimento para arrefecimento ou muito menos.

- **Software dedicado à mineração Siacoin**

Ao determinar o tipo de hardware a utilizar, pode escolher software especializado capaz de minerar Siacoin, antes de qualquer expectativa, o mercado quando com várias opções para atingir este objectivo, embora entre os mais destacados destaques Marlin Miner, que tem compatibilidade com Nvidia ou AMD GPU.

- **A rentabilidade da exploração mineira Siacoin**

A especialidade do Siacoin, é que em vez de parar, a recompensa do bloco continua a funcionar, para que cada mineiro possa encontrar um incentivo para fazer parte de uma rede que não pára, por outro lado, dentro das suas funcionalidades, permite alugar espaço de armazenamento na nuvem, sendo um bem que pode ser explorado.

Por este motivo, a exploração mineira Siacoin é rentável, tem várias alternativas, como não esquecer este tipo de tecnologia que se torna mais popular através dos seus serviços oferecidos.

Os últimos marcos ultrapassados pela extracção de moeda criptográfica

A nível histórico, a extracção de moeda criptográfica avança ano após ano de uma forma espantosa, onde 2020 se destacou por ter lançado importantes alicerces que em 2021 vão gerar muito mais tendências neste mundo, especialmente com a manifestação de diferentes acontecimentos, porque o mundo externo tem impacto nesta actividade.

A força da implementação do equipamento ASIC tem sido mantida, mesmo acima da pandemia da COVID-19, isto deve-se em grande parte ao aumento do valor que tem sofrido o Bitcoin, por outro lado, a estas situações acrescenta o bom impulso da indústria ASIC, onde o Bitmain tem dominado.

No caso das piscinas mineiras, estas foram desenvolvidas sob um tema descentralizado, ou seja, a tendência a seguir de perto, especialmente sem qualquer apego por aspectos geográficos, e a informação fornecida sobre as suas acções também mudou, sem deixar de lado a incorporação de energias renováveis.

As tendências mais relevantes são as seguintes:

1. Terceiro Bitcoin a reduzir para metade

Ao longo do ano 2020 assistiu-se ao lançamento da redução para metade da bitcoin, que no início foi vista com muitas expectativas pelo meio, mas acima de tudo procurou prever o efeito que causa na rede, onde foram emitidas previsões positivas, é essencial notar que a redução para metade é conhecida como um mecanismo ou parte ligada à bitcoin.

A dinâmica é que pode regular o fornecimento de moedas que são emitidas na rede, especialmente durante a programação de 210.000 blocos, sob uma reconhecida ou medida em cada quatro anos, ao atingir essa data, a própria rede procura reduzir a quantidade de bitcoins que são gerados para serem cunhados.

Este tipo de programação é responsável pela emissão a zero, o que aconteceu em 2020, onde a 11 de Maio foi emitida uma activação no bloco 630.000, fazendo com que os mineiros deixassem de ganhar 12,5 BTC por bloco minado, para um valor tão baixo quanto 6,25 BTC, fazendo com que houvesse algum retorno da exploração mineira.

Esta baixa rentabilidade fez com que a taxa de hash diminuísse até 16% em poucas horas, porque houve uma desconexão de uma grande quantidade de equipamento, uma vez que esta acção não emitiu os lucros para cobrir todo o investimento no equipamento, causando um congestionamento das transacções.

Mas este tipo de comportamento durou apenas ligeiramente, porque em Junho a taxa tinha aumentado novamente, atingindo os mesmos valores que antes da redução para metade, mas não foi possível determinar a incidência que tem agora com a recompensa do preço do Bitcoin e a sua redução, porque o mercado não convulsionou de imediato.

2. Taxa de haxixe e dificuldade recorde

Embora seja verdade, a mineração de certos meses passa por toda uma série de resultados negativos, mas quando os efeitos de certos eventos passam, é quando certas moedas começam a revalorizar, esse tipo de resposta positiva sobre o bitcoin, fez com que a rede aumentasse a sua taxa de haxixe, o mesmo aconteceu com a dificuldade, e mesmo com o rendimento diário.

A taxa de hash é conhecida como taxa de hash, este tipo de unidade centra-se no poder de processamento da rede, que influencia directamente o número de mineiros ligados, bem como a potência dos computadores que fazem parte dela, estes são os elementos que impulsionam o valor da Bitcoin.

Quando o nível da taxa de haxixe aumenta, o mesmo acontece com a dificuldade de mineração, uma vez que é complexo encontrar o bloco a minerar, isto varia com base no nível de poder de processamento que existe na rede, por isso, quando a taxa de haxixe atinge um valor equilibrado, aumenta a possibilidade de as equipas chegarem a extrair muitos blocos.

Dado este cenário, a própria rede aumenta a dificuldade da mineração, de modo que a resposta do haxixe é mais inatingível, e a frequência de 10 minutos por bloco é preservada, no caso do Bitcoin, chegou a ter uma dificuldade de 19.97T, sendo um dos pontos mais altos da sua história, estabelecendo um recorde.

O aumento dos números também se reflectiu no rendimento, uma vez que se diz ser muito mais elevado do que se pensa, uma vez que os mineiros foram pagos até 20 milhões de dólares, um valor intimamente ligado ao preço do bitcoin que tem sido apresentado nos últimos lapsos de tempo.

3. Localização das piscinas

Em torno das piscinas mineiras foram estabelecidos diferentes mistérios, o que evidencia o conhecimento da localização geográfica, este tipo de informação foi divulgada publicamente, sendo um facto que antes não era desenvolvida com frequência, esta era realizada pelo BTC.com, onde era emitida a maior parte da informação que era proveniente da China.

Para além do facto de existir um mercado mineiro global, o que preocupa a Ásia surpreende qualquer um, uma vez que cerca de 95% dos blocos minados são processados na China, isto causa medo, porque significa que não é um cenário tão descentralizado, mas pelo menos uma das mais antigas piscinas está localizada na República Checa.

Mas o desenvolvimento das piscinas está a migrar para os Estados Unidos, como demonstrado pelo SlushPool, onde foram criadas três piscinas mineiras para este país, este tipo de iniciativas são as que impulsionam a descentralização da taxa de haxixe, no caso do Bitcoin.

4. Explorações mineiras

Para além da informação sobre a taxa de haxixe relativa à Bitcoin, que mostra a concentração das operações na China, estão também a surgir novas tendências no mercado mineiro graças às explorações Bitcoin, um método que pode contribuir para a descentralização geográfica desta indústria.

Esta distribuição geográfica deve-se em parte às regulamentações eléctricas que foram estabelecidas na China, pelo que a solução tem sido migrar para outros locais com maior liberdade de operações, nesse mapa a Rússia, os Estados Unidos, e mesmo o Irão, são os destinos mais escolhidos para os mineiros chineses operarem.

Estes centros de operações são interessantes para procurar alguma oportunidade de monetização, especialmente nos Estados Unidos este tipo de mercado foi reforçado, ao ponto de celebrar diferentes estabelecimentos de piscinas mineiras, no sector da América Latina, Venezuela e Argentina ganham mais poder.

Estas são as orientações a seguir ou a ter em conta, porque operar na exploração mineira requer estar ligado a cada notícia, especialmente quando o seu impacto gera alterações no mercado, são posições que mudam a preferência ou a forma de exploração mineira, especialmente com a controversa Bitcoin.

www.ingramcontent.com/pod-product-compliance
Lightning Source LLC
Chambersburg PA
CBHW070438220526
45466CB00004B/1730